놀라운 동물 진화 이야기!

닭이 공룡 이었다고?

거인

번역 박윤재

번역서로는 〈나이로비의 종이집〉〈단짝 친구〉
〈할아버지는 나의 단짝친구〉 등이 있습니다.
현재 고려대학교 철학과에 재학 중이며 어린이들을 위해
좋은 철학 관련 책을 집필 중입니다.

동물 진화에 관한 멋진 책
닭은 공룡이다!

글 • 일러스트
로만 가르시아 모라
번역
박윤재

마치 판타지 소설에 나온 것처럼 옛날에 살았던 많은 동물들은 무섭기도 하고 흥미롭기도 하며 또 조금 이상해 보이기도 합니다. 비록 이제 이 동물들은 더 이상 존재하지 않지만, 동물들이 남긴 화석과 이 화석들을 연구한 고생물학자들의 노력으로 우리는 현재에도 과거에 이런 동물들이 있었다는 사실과 동물들의 모습까지도 알 수 있게 되었습니다.

고생물학에 따르면, 지구에 최초의 생명체가 나타난 순간부터 지금까지 무려 2억 5천만 종류가 넘는 동물들이 살았다고 합니다. 하지만 그 어떠한 동물도 영원할 순 없습니다. 과거나 미래나 어떤 순간이든, 이 지구에 살고 있는 모든 동물들은 결국엔 멸종하게 됩니다. 하지만 동물들이 재난으로 인해 한순간에 모두 사라져버리듯 멸종하는 것은 아닙니다. 오히려 동물들이 지구에 적응해 나가며 점점 원래 모습에서 벗어나 새로운 모습으로 거듭나며 자연스럽게 사라지는 것입니다.

옛날부터 지구에는 항상 새로운 동물이 모습을 드러냈습니다. 물론 지구에 나타난 새로운 동물들은 갑자기 등장한 게 아닙니다. 바로 진화를 거쳐 나타난 것입니다. 동물들이 세대에 세대를 거쳐 변화하면서 기존에 있던 종과는 아주 다른 새로운 종이 탄생하는 것을 진화라고 합니다. 진화의 흔적은 화석에서 찾을 수 있습니다. 우리는 화석을 연구함으로써 동물들이 시간을 거쳐 어떻게 변화해 왔는지 알 수 있습니다.

같은 종류의 동물이라 하더라도, 각자 다른 생태적 환경에 놓이게 되면, 동물들은 각자의 환경에 맞춰 또다시 다양하게 진화합니다. 이러한 현상을 학자들은 적응방산이라고 합니다.

진화를 통해 지구에는 수많은 종류의 동물들이 나타났는데, 우리는 그렇게 등장한 다양한 동물들을 살펴볼 것입니다. 신기하고 엄청나게 큰 동물이라든지 다양한 색으로 치장한 동물들도 있을 것입니다. 우리 함께 동물들의 믿을 수 없는 변신에 푹 빠져보도록 합시다.

조류(새)의 기원

닭의 조상 티라노사우루스

혹시 닭하고 티라노사우루스를 헷갈릴 수 있나요? 당연히 아니지요! 우리는 티라노사우루스라고 하면 거대하고 무서운 공룡포식자를 떠올리지만 닭은 별로 위협적이지도 않지요. 하지만 연구와 끊임없는 토론 끝에, 고생물학자들은 마침내 무서운 티라노사우루스의 살아 있는 가장 가까운 친척이 닭이라는 것을 밝혀냈습니다. 증거가 있냐구요? 공룡 뼈 화석에서 발견된 단백질이 현대의 파충류에서 발견되지 않고 신기하게도 조류에게서 발견되었습니다.

따라서 우리는 조류의 조상이 깃털이 있고, 알을 낳고, 육식성이고, 두발로 걷는 공룡이라는 걸 알 수 있습니다.

2억년 전
이미 깃털을 가진 몇몇 육식공룡들의 몸집이 작아지기 시작했습니다. 작아진 공룡들은 바람을 타고 날기 시작했습니다.

1억년 전
파충류의 특징인 이빨이 사라졌습니다. 이때부터 다양한 형태의 부리가 발달하기 시작했습니다.

데이노쿠스

데이노쿠스 이름의 뜻은 "끔찍한 발톱" 입니다. 왜냐하면 이 공룡의 발에는 숨겼다 꺼낼 수 있는 아주 날카로운 발톱이 달려 있기 때문입니다. 하지만 데이노쿠스의 발톱보다 흥미로운 건 바로 데이노쿠스의 몸과 앞발에 달린 깃털입니다. 이 깃털들은 데이노쿠스가 싸울 때가 아니더라도, 먹이에 접근하여 빠르게 먹이의 등에 뛰어오를 수 있도록 도와주었습니다.

티라노사우루스 렉스

아마 모두가 티라노사우루스에 대해선 알고 있을 것입니다. 그러나 티라노사우루스가 도마뱀보다는 카나리아(애완용 새)와 더 깊은 관련이 있다는 것을 대부분 모를 것입니다. 티라노사우루스는 발달된 뒷다리와 짧은 앞다리를 가지고 두발로 걷는 육식공룡에 속합니다.

5500만년 전

조류들이 날개로 나는 능력을 얻었고, 동시에 조류들의 주 먹이인 곤충들의 크기가 점점 줄어들었습니다.

지금, 모든 공룡들은 사라졌다고 말할 수 있을까요? 지구엔 새들이 가득합니다. 새들은 우리에게 자신들의 먼 "친척들" 에 대해 많은 것을 말해줍니다. 이에 대한 고생물학자들의 연구는 계속될 것입니다.

시조새와 닭의 비교

독일에서 발견된 화석은 과학자들에게 큰 놀라움을 주었습니다. 왜냐하면 이 화석은 공룡의 특징들과 함께 새들의 특징도 갖고 있었기 때문입니다. 이 화석의 주인을 시조새라 불렀습니다. 새의 조상이라는 뜻입니다. 긴 꼬리와 작은 이빨로 무장된 입은 의심할 여지없이 시조새가 작은 공룡의 일종이라는 것을 말해주고 있습니다. 하지만 화석의 앞발 부분에 있는 날개 같은 깃털은 시조새가 공룡인 동시에 새라는 것을 말해줍니다.

시조새

시조새의 뼈는 꼬리, 이빨, 작은 두개골과 발톱 등 파충류의 특징을 보여줍니다. 하지만 동시에 시조새의 뼈는 조류가 갖고 있는 뼈의 특징을 가지고 있고, 무엇보다 시조새는 다른 모든 새들이 갖고 있는 깃털을 가지고 있었습니다.

새들의 뼈는 속이 비어 있습니다. 무게를 줄여 더 잘 날기 위해서 입니다. 대신 새들의 뼈 안엔 뼈를 튼튼하게 유지하도록 해주는 지지대가 있어 뼈들이 쉽게 부러지지 않습니다.

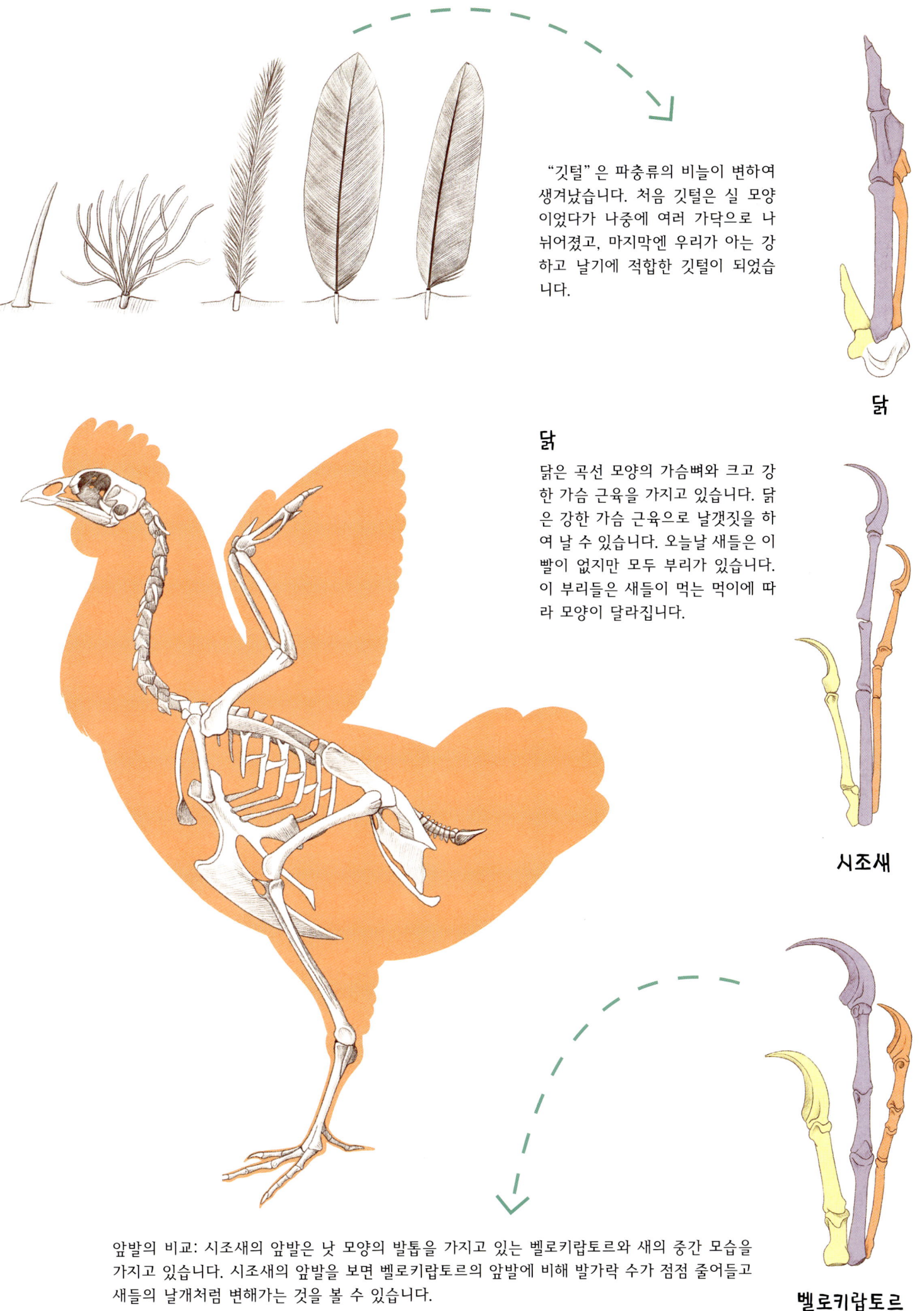

"깃털"은 파충류의 비늘이 변하여 생겨났습니다. 처음 깃털은 실 모양이었다가 나중에 여러 가닥으로 나뉘어졌고, 마지막엔 우리가 아는 강하고 날기에 적합한 깃털이 되었습니다.

닭

닭

닭은 곡선 모양의 가슴뼈와 크고 강한 가슴 근육을 가지고 있습니다. 닭은 강한 가슴 근육으로 날갯짓을 하여 날 수 있습니다. 오늘날 새들은 이빨이 없지만 모두 부리가 있습니다. 이 부리들은 새들이 먹는 먹이에 따라 모양이 달라집니다.

시조새

벨로키랍토르

앞발의 비교: 시조새의 앞발은 낫 모양의 발톱을 가지고 있는 벨로키랍토르와 새의 중간 모습을 가지고 있습니다. 시조새의 앞발을 보면 벨로키랍토르의 앞발에 비해 발가락 수가 점점 줄어들고 새들의 날개처럼 변해가는 것을 볼 수 있습니다.

날지 못하는 새

새들이지만, 날지 못해요!

날지 못하는 새들은 몸집이 거대한 새들입니다. 날지 못하는 새들은 평평한 가슴뼈를 가지고 있습니다. 당연하지만, 날지 못하는 새들은 거대한 몸집 때문에 하늘을 우아하게 날 수 없습니다. 대신, 날지 못하는 새들은 긴 다리와 강한 허벅지 힘으로 엄청나게 빠르게 달릴 수 있습니다. 날지 못하는 새들의 조상은 원래 날 수 있는 새였지만 진화를 거치면서 나는 것 대신 땅에서 빠르게 달리는 것을 선택하였습니다.

에피오르니스(코끼리 새)

마다가스카르 섬에 살던 거대한 새인 에피오르니스는 1700년대에 사라졌습니다. 에피오르니스는 알의 둘레가 1미터에 달하는 거대한 알을 낳았는데, 이 알들로 인해 많은 전설이 만들어졌습니다.

타조

2.7m의 크기에 달하는 타조는 현재 존재하는 새들 중 가장 큰 새입니다. 타조는 또한 현재 존재하는 날지 못하는 새들 중 가장 빠릅니다. 무려 시속 70km까지 달릴 수 있습니다. 또한 타조의 알은 무게가 거의 1.5kg으로 매우 무겁습니다.

공조

공조, 또는 거대한 모아로 알려진 이 새는 지구에서 가장 큰 새였을 것입니다. 3.6m까지 자랐습니다. 공조는 뉴질랜드의 숲에서 서식했지만 사람들이 섬에 정착한 이후 멸종하고 말았습니다.

크기 비교하기: 옆의 그림은 새알들의 실제 크기입니다. 가장 작은 알인 벌새 알은 크기가 겨우 1cm 정도이고 무게도 0.25g밖에 되지 않습니다. 현재 존재하는 알들 중에는 타조알이 가장 큽니다. 타조알은 길이 16cm, 무게 1.5kg에 달합니다. 이는 무려 달걀 20개와 맞먹는 무게입니다. 하지만 타조알도 에피오르니스의 알에 비해선 아무것도 아닙니다. 에피오르니스의 알은 길이 37.5cm, 무게 12kg에 달합니다!

말의 진화

발가락을 잃다

한 무리의 말들이 초원을 달립니다. 말들의 발굽 소리가 리듬감 있게 들려옵니다. 기후가 건조해지면서 숲들은 점점 초원으로 변해갔습니다. 이에 따라 몇몇 동물들이 이 새로운 환경에서 살기 시작했습니다. 그런데 이 새로운 서식지에는 두 가지의 문제가 있었습니다. 먼저 초원의 거친 풀을 어떻게 먹을지가 문제였고, 숨을 곳이 없는 곳에서 어떻게 적들로부터 도망 칠지도 문제였습니다. 오래전 멸종된 작은 고양이 크기의 말인 시프히푸스와 여우 크기의 에오히푸스처럼 특별한 이빨을 가지고 발가락이 없어져 더 빨라진 말들만이 초원에 적응하여 살 수 있었습니다.

펠레오테리엄

펠레오테리엄의 길고 튼튼한 다리는 몸의 뒤쪽보다 앞쪽에 치우쳐 있습니다. 이는 펠레오테리엄으로 하여금 늪지대에서 더 안전하게 돌아다닐 수 있게 해주었습니다. 펠레오테리엄은 약 75cm 정도로 컸고, 매우 긴 목을 가져서 나무의 잎들을 먹을 수 있었습니다.

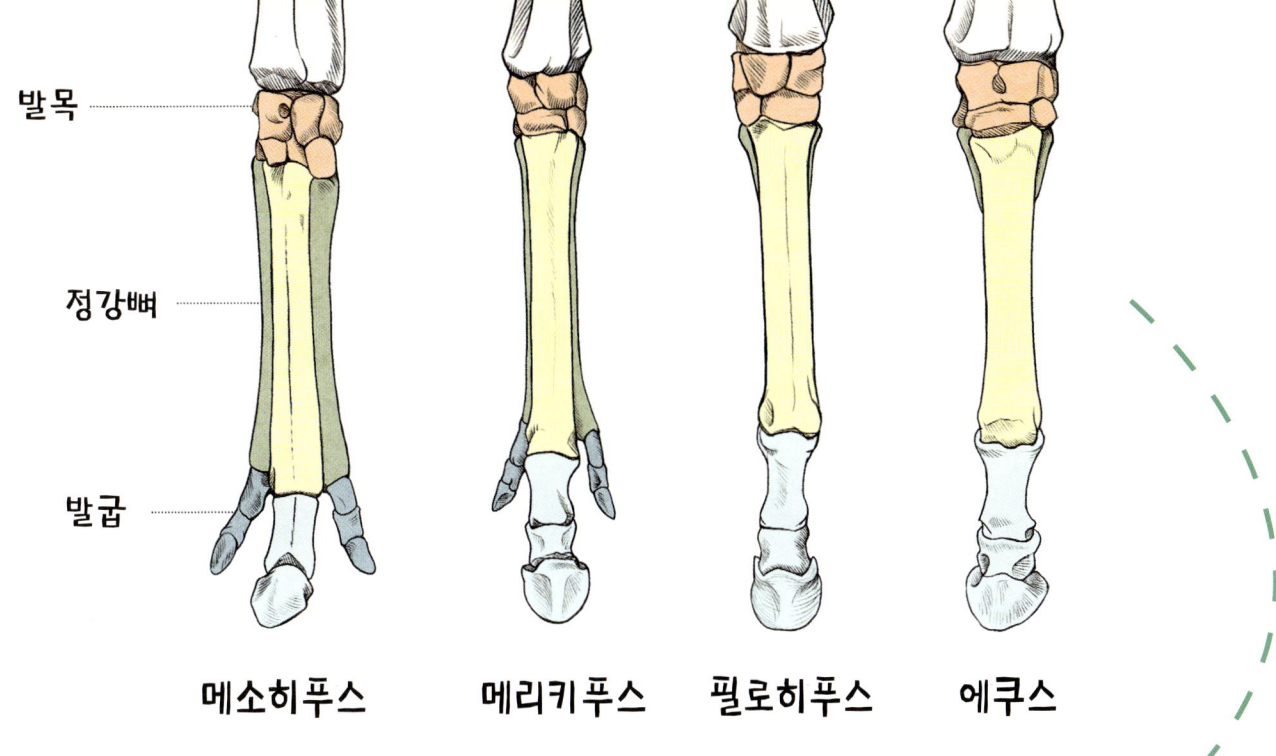

발목

정강뼈

발굽

| 메소히푸스 | 메리키푸스 | 필로히푸스 | 에쿠스 |

비교: 현재 말들의 발굽은 사실 튼튼한 가운뎃발가락의 발톱입니다. 다른 발가락들은 발굽이 몸을 더 쉽게 지탱할 수 있도록 합쳐졌습니다. 우리가 말의 무릎이라고 부르는 것은 사실 말의 발목입니다!

프셰발스키

짧은 갈기와 특별한 색을 가지고 있는 이 "몽골 조랑말"은 마지막 남은 야생마들의 대표입니다. 프셰발스키는 선사시대 사람들이 동굴에 그려놓은 말들과 굉장히 비슷하게 생겼습니다.

이 "중간단계의 말"은 네 개의 발가락 중 세 개만 땅에 디디며 처음으로 북아메리카의 대초원을 달린 말들입니다. 메소히푸스는 과일과 잔가지를 먹었고 이로 인해서 더 이상 송곳니를 가지지 않았습니다.

긴 송곳니를 가진 맹수들

정말 멋진 송곳니!

멸종된 고양잇과 육식동물 마카이로두스는 긴 송곳니를 가진 맹수지만 현재의 호랑이의 조상은 아닙니다. 더욱이 집에 있는 우리의 작은 친구들의 조상도 아닙니다. 마카이로두스는 오래전에 멸종했지만, 잠시 동안 인류를 공포에 떨게 하기도 했습니다. 그런데 조금 이상한 점이 있습니다. 마카이로두스와 같은 맹수들은 아주 길고 강한 송곳니를 가지고 있었지만, 무는 힘이 겨우 사자의 3분의 1밖에 안되었습니다. 그래서 마카이로두스와 같은 맹수들은 조금 다른 방법을 이용해 사냥할 수밖에 없었습니다.

마카로이두스

바로 무리를 지어 사냥하는 것이었습니다. 무리를 지어 사냥할 때에는 거대한 매머드마저 압도할 수 있었습니다. 마카이로두스는 무게를 이용해 사냥감을 넘어뜨린 후, 그들의 긴 송곳니를 이용해 목이나 약한 부위를 깊게 찔러 출혈로 죽게 했습니다. 마카이로두스가 멸종한 후에 현재의 고양잇과 동물들이 번창했습니다.

틸라코스밀루스

디노펠리스

호플로포네우스

이들은 모두 비슷하게 표범 크기였고 똑같이 거대한 송곳니를 가졌지만 사실 서로 큰 관계는 없습니다. 틸라코스밀루스는 남아메리카의 유대목 동물이었고, 디노펠리스는 우리의 조상인 오스트랄로피테쿠스를 먹이로 삼았습니다. 호플로포네우스는 아주 오래된 동물이었는데 우리가 아는 대부분의 맹수들과 달리 고양잇과로 분류되지 않습니다.

검치호랑이 스밀로돈 송곳니의 실제 크기

긴 코를 가진 동물들

아주 유용한 코에 대한 짧은 역사!

코끼리의 긴 코는 엄니와 함께 코끼리의 가장 큰 특징입니다. 코끼리의 긴 코는 코와 윗입술이 합쳐져서 생겼습니다. 코끼리는 자기의 코를 움직이기 위해 무려 4만 개의 근육을 씁니다. 코끼리의 코는 정말 많은 일에 쓰이는데, 코끼리는 자신의 코로 숨을 쉬고 냄새를 맡으며 물건을 집고 소리를 내기도 합니다. 코끼리의 코는 약 6000만 년 전 아프리카의 숲에서 발달하기 시작했습니다. 초목을 섭취하고 영양을 얻기 위하여 발달한 것입니다. 시간이 지나면서 코의 길이는 계속 길어졌고 이와 함께 코끼리의 몸집도 커졌습니다.

코끼리

아프리카 코끼리는 현존하는 땅 위의 동물 중 가장 큰 동물입니다. 코끼리는 코로 무려 350kg이나 들어 올릴 수 있고 멀리서도 물이 어디 있는지 알 수 있습니다.

메리테리움
현재 코끼리의 먼 친척인 메리테리움은 좀 더 하마처럼 생겼습니다. 메리테리움은 코끼리처럼 긴 코를 가지진 않았지만 대신 비슷하게 근육으로 된 윗입술로 잎을 따먹었습니다.

아난쿠스

아메벨로돈

데이노테리움

비교: 고생물학자들은 과거에 350종이 넘는 긴 코를 가진 동물들이 살았다고 믿고 있습니다. 하지만 현재는 코끼리가 유일하게 남아 있는 동물입니다.

곰포테리움

매머드
코끼리의 직접적인 조상은 아니지만 가까운 친척인 매머드는 빙하시대 북반구에서 살았기 때문에 두꺼운 피부를 가지고 있었습니다.

거대한 잠자리들

절지동물들의 굉장한 조상들

옛날 지구에는 지금은 믿을 수 없는 크기를 가졌던 거대한 절지동물들이 지배하던 때가 있었습니다. 이 절지동물들은 최초로 육지에서 서식한 동물들이었는데, 환경에 따라 다양한 모습으로 진화하면서 지구 전체를 차지했습니다. 거대한 절지동물들이 지구를 지배하고 있을 때 지구는 지금보다 훨씬 습하고 공기 중에 산소가 많았습니다. 그래서 폐 대신 다른 기관으로 숨 쉬는 절지동물들이 굉장한 크기로 있을 수 있었던 것입니다. 절지동물들 중 가장 흔한 건 거대한 곤충들과 노래기들이었습니다. 하지만 시간이 흐르면서 새들과 같은 천적들이 등장하기 시작했고 거대한 절지동물들은 사라져갔습니다. 그대신, 우리에게 익숙한 훨씬 작은 크기의 절지동물들이 나타났습니다. 사라진 거대한 절지동물들 중엔 3억 4000만 년 전부터 2억 8000만 년 전까지 살았던 노래기의 조상인 아트로플레우라가 있었습니다. 아트로플레우라는 현재까지 육지에 살았던 무척추동물들 중 가장 큰 몸집을 지닌 것으로 생각됩니다. 무려 2.5m에 달한다고 추정되기 때문입니다.

잠자리

잠자리는 긴 복부를 가지고 있고 아주 강한 두 쌍의 날개를 가져 매우 민첩하고 빠르게 날 수 있습니다. 잠자리는 연못이나 강, 물웅덩이 근처에서 서식합니다. 잠자리의 유충은 물이 있는 환경에서 자라납니다.

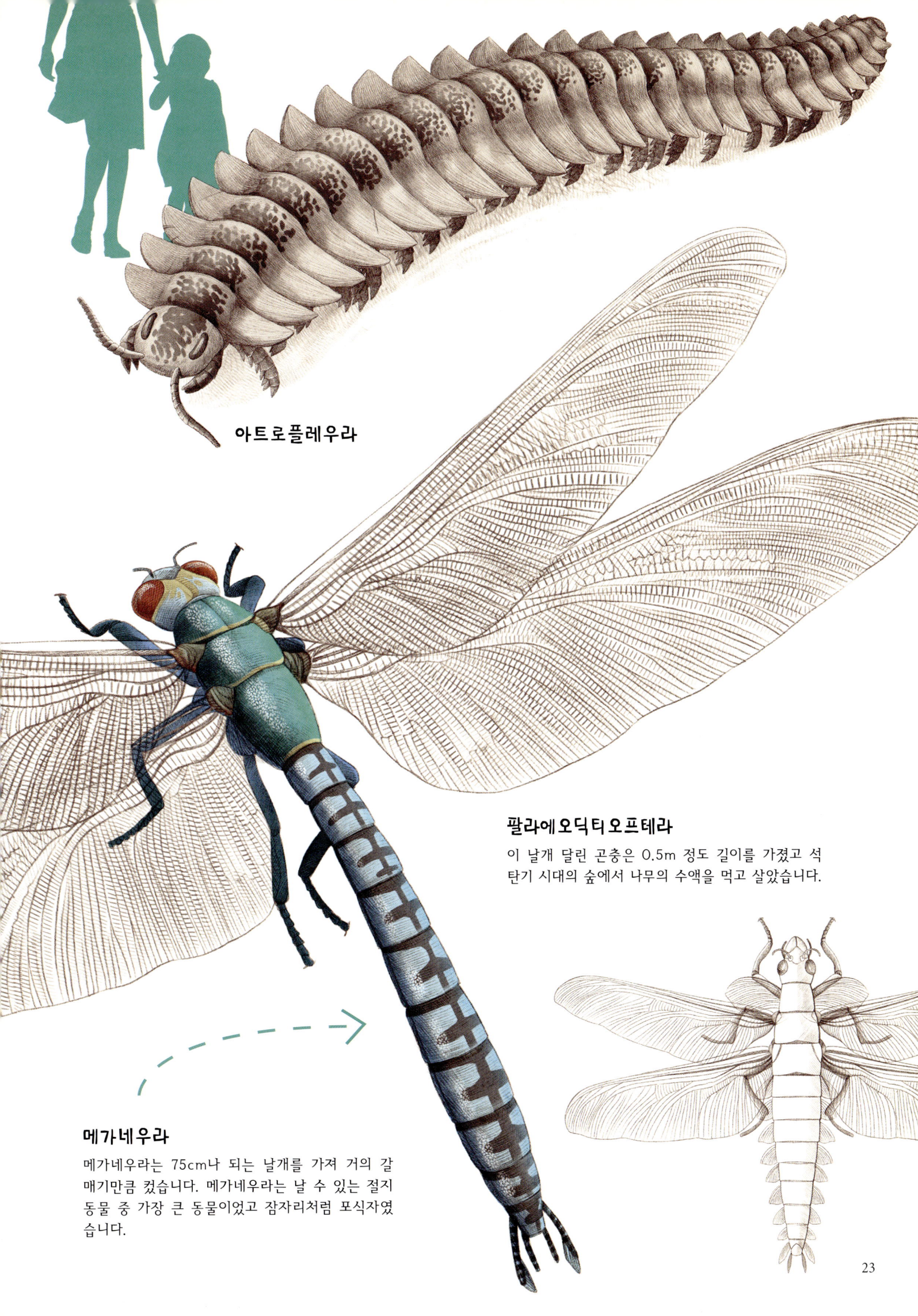

아트로플레우라

팔라에오딕티오프테라
이 날개 달린 곤충은 0.5m 정도 길이를 가졌고 석탄기 시대의 숲에서 나무의 수액을 먹고 살았습니다.

메가네우라
메가네우라는 75cm나 되는 날개를 가져 거의 갈매기만큼 컸습니다. 메가네우라는 날 수 있는 절지동물 중 가장 큰 동물이었고 잠자리처럼 포식자였습니다.

땅 위를 걷는 악어들

송곳니와 비늘

땅에선 매우 게을러 보이고 심지어 몇 시간 동안 땅에 배를 대고 움직이지 않기도 하는 동물들이 있습니다. 그들은 움직일 때도 아주 천천히 앞으로 움직이고 항상 무거운 비늘을 몸에 두르고 있습니다. 바로 악어류의 동물들입니다. 그런데 정말 불가능해보이긴 하지만, 이런 악어류의 조상들 중에는 엄청나게 빠르게 달릴 수 있거나 캥거루처럼 뛸 수 있는 동물들도 있었습니다. 움직임의 균형을 잡아주던 길고 활기찬 꼬리는 현재에 와서 수영을 하는데 적합하게 바뀌었습니다. 악어 종류 중 엘리게이터와 크로커다일을 비교하자면, 크로커다일이 조금 더 길고 좁은 주둥이를 가지고 있습니다. 그리고 엘리게이터는 입을 다물면 이빨이 잘 보이지 않는데 반해 크로커다일은 아래쪽 송곳니가 잘 보입니다. 둘 모두 이빨로 상처를 입혀 먹이를 잡는데, 가끔씩 날카로운 이빨이 부러지기도 합니다.

테레스트리수쿠스

최초의 악어인 이 작은 "땅 악어"는 겨우 길이가 50cm 정도였습니다. 테레스트리수쿠스는 개처럼 생긴 머리, 날씬한 몸, 그리고 긴 사지를 가져 아주 빠르게 달릴 수 있었습니다.

하지만 걱정할 필요는 전혀 없습니다. 왜냐하면 악어는 이빨이 4번이나 새로 날 수 있기 때문입니다!

악어

악어는 다른 모든 파충류처럼 평생 동안 자랍니다. 50살 정도 된 악어는 5m를 넘어갑니다. 악어가 땅에서 천천히 앞으로 움직이면, 악어는 다리를 곧게 폅니다. 하지만 빨리 달릴 수는 없죠. 안 그러면 넘어지고 말 겁니다!

실레사우루스

공룡의 친척쯤 되는 이 동물은 악어와 비슷한 골반 구조를 가지고 있습니다. 실레사우루스는 초식을 했었고 초목을 뜯기 위해 뿔같이 생긴 부리를 가지고 있었습니다. 실레사우루스는 아주 긴 두 뒷다리로 걸어다녔습니다.

악어   데이노수쿠스

비교: "끔찍한 악어" 인 데이노수쿠스는 길이 14m에 이르는 거대한 악어였습니다. 이는 후손인 현재의 악어의 약 3배에 이르는 크기입니다. 데이노수쿠스는 거대한 턱으로 북아메리카에서 강에 빠진 큰 공룡들과 다른 동물들을 잡아먹었습니다. 데이노수쿠스의 악력은 티라노사우루스보다 강력했다고 합니다.

이상한 악어들

살아 있는 화석이라고 불릴 만큼 오랜 시간 동안 악어들은 특징을 변화시키지 않고 유지해 왔습니다. 그 때문에 고생물학자들은 악어들의 조상의 화석을 발견했을 때 그 화석이 악어들의 조상의 것이라는 것을 쉽게 알아차리지 못했습니다. 악어의 조상 중에는 아예 수영을 하지 못하는 동물도 있었고, 시모수쿠스처럼 단풍잎 모양의 이빨을 가지고 오직 채식만 한 동물도 있었습니다. 악어들의 조상은 대부분 길이 1m를 넘지 못했습니다.

라가노수쿠스
이 "팬케이크 악어"는 길이가 5m에 달하는데 그 중 머리가 1m를 차지합니다. 라가노수쿠스는 사하라의 얕은 물에서 움직이지 않고 매복해 있다가 기습하여 먹이를 잡아먹었습니다.

아나토수쿠스
길고 평평한 주둥이는 이 "오리 악어"의 가장 큰 특징입니다. 아나토수쿠스는 악어들 중 가장 작은 종으로, 겨우 길이 70cm까지 자라고 물에서 작은 먹이들을 잡아먹었습니다.

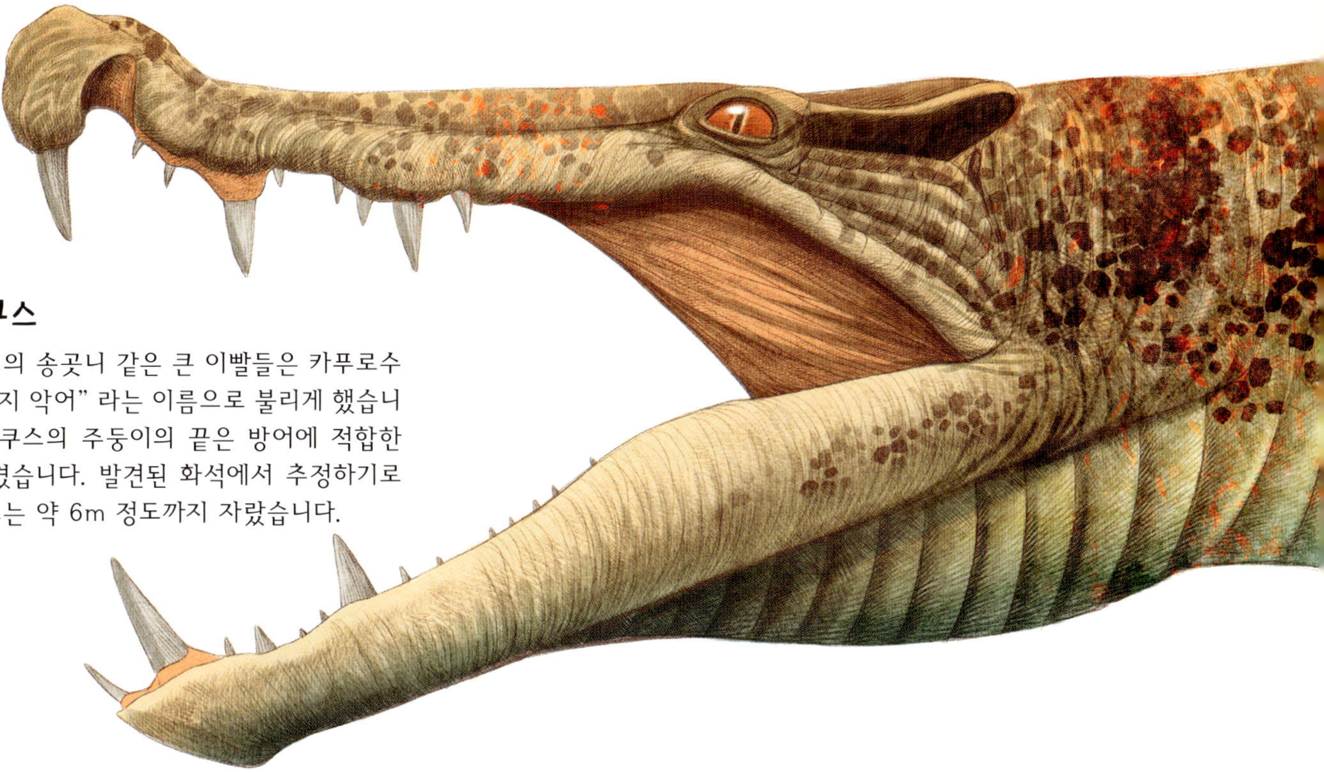

카푸로수쿠스

카푸로수쿠스의 송곳니 같은 큰 이빨들은 카푸로수쿠스를 "멧돼지 악어" 라는 이름으로 불리게 했습니다. 카푸로수쿠스의 주둥이의 끝은 방어에 적합한 모양으로 생겼습니다. 발견된 화석에서 추정하기로 카푸로수쿠스는 약 6m 정도까지 자랐습니다.

시모수쿠스

큰 공룡들과 육식 악어들이 서식한 것으로 유명한 마다가스카르는 이 작고 이상하게 생긴 "들창코 악어" 의 고향이기도 합니다. 시모수쿠스는 머리와 등, 꼬리와 다리에 있는 뿔 같은 비늘로 단단하게 무장고 먹을 잎을 찾아다녔습니다.

거대한 웜뱃

아기 주머니를 가진 유대목 동물들

유대목(캥거루·코알라처럼 육아낭에 새끼를 넣어 가지고 다니는 동물) 동물들은 이상한 포유류입니다. 이 동물들은 새끼가 태어나면 새끼들이 스스로를 돌볼 수 있을 때까지 새끼들을 주머니에 넣어 기릅니다.

새끼를 주머니에 넣어 기른다는 것이 매우 불편할 것 같지만, 호주의 포유류는 대부분이 유대목 동물인 만큼 좋은 점도 있습니다. 유대목 동물로는 가장 잘 알려진 캥거루나, 조금 덜 알려진 웜뱃 등이 있는데 이 유대목 동물들은 현재 보다 훨씬 큰 몸집을 가진 조상들을 가졌습니다.

웜뱃

웜뱃은 어린 곰처럼 보이는, 큰 개 정도의 크기를 지닌 초식 유대목 동물입니다. 웜뱃은 사람들과 친하게 지낼 수 있지만, 공격받는다고 느끼면 물어버릴 수도 있습니다.

디프로토돈

현재의 웜뱃들의 조상은 코뿔소만 한 몸집을 지녔음에도 불구하고 호주의 고대 원주민들에게 사냥당하는 것을 피할 순 없었습니다. 이로 인해 디프로토돈은 멸종당하고 말았습니다.

프로콥토돈 사냥

심지어 캥거루들도 거대한 종족이 있었습니다. 프로콥토돈들은 풀을 뜯어먹으며 살았고 아주 큰 점프를 하여 포식자들에게서 도망칠 수 있었습니다. 하지만 프로콥토돈들도 디프로토돈처럼 호주의 고대 원주민들에 의해 멸종당하고 말았습니다.

디프로토돈

웜뱃

비교 : 거대한 디프로토돈의 두개골에서는 웜뱃에 비해 초목을 뜯기 적합하고 포식자들로부터 자신을 보호할 수 있는 이빨들이 돋보입니다.

호주의 거대한 동물들

오랜 시간 동안 호주에는 정말 이상한 유대목 동물들이 살았습니다. 호주는 옛날부터 다른 대륙들과 떨어져 있었기 때문에, 호주의 유대목 동물들은 자신들의 고유한 방식으로 다른 대륙의 식충동물, 설치류, 초식동물, 육식동물과 마찬가지로 다양한 형태로 진화하였습니다. 이러한 현상을 학자들은 진화적 수렴이라고 부르는데 호주의 포식성 유대목 동물들이 다른 대륙의 고양잇과 포식동물들과 유사한 생활을 하는 것처럼, 떨어져 있으면서도 서로 유사하게 발달하는 것을 뜻합니다. 하지만 호주에는 유대목 동물들보다 더 이상한 동물들도 많이 있습니다. 바로 거대한 새들과 알을 낳는 포유류들이지요.

팔로르체스테스

이 이상한 옛 유대목 동물은 꼭 곰같이 보이기도 하고 테이퍼같이 보이기도 합니다. 팔로르체스테스는 회색곰도 부러워할 만한 강력한 손톱을 지니고 있었고 짧은 코끼리코 같은 코를 가졌습니다. 팔로르체스테스의 습성에 대해선 잘 알려진 게 없지만 현재의 테이퍼와 비슷할 것으로 추정됩니다. 캥거루의 조상이라는 의견도 있습니다.

프로콥토돈

프로콥토돈은 거대한 캥거루였습니다. 현재에 와서 멸종되었지만 길이가 3m에 달했고 발톱이 달린 하나의 발가락을 가진 긴 다리를 가졌습니다. 현재의 캥거루처럼 프로콥토돈도 키가 낮은 초목을 먹었습니다. 프로콥토돈은 높은 키 덕분에 뒷발로 서서 멀리까지 위험을 살필 수 있었습니다.

드로모르니스

키가 3m 정도나 되고 성인 6명과 맞먹는 무게를 지닌 드로모르니스는 강인한 다리로 땅 위를 달렸습니다. 드로모르니스는 적이 많이 없었습니다. 그러나 드로모르니스는 포식자도 아니었습니다. 드로모르니스는 과일과 견과류를 먹었는데, 이상하게 생겼지만 강한 부리로 견과류를 쉽게 부셔 먹을 수 있었습니다.

자그로서스 하케티

이 멸종한 바늘두더지는 오늘날 호주에 살고 있는 바늘두더지와 크게 다르지 않습니다. 단지 조금 클 뿐입니다. 바늘두더지는 단공류 동물인데, 단공류 동물이란 알을 낳는 포유류를 말합니다. 생김새는 마치 호저와 개미핥기의 중간에 있는 것같이 생겼습니다. 자그로서스 하케티는 개미핥기처럼 개미와 흰개미들을 먹었습니다.

틸라코레오

이 포식자의 이름은 "유대목 사자" 라는 뜻입니다. 틸라코레오는 동시대에 살았던 웜뱃들과 거대한 캥거루들에겐 재앙이었을 것입니다. 틸라코레오는 "진화적 수렴" 의 좋은 예시입니다. 유대목 동물인 틸라코레오는 마치 진짜 사자처럼 육식을 하고, 강한 이빨과 강한 근육, 치명적인 발톱을 가지고 있으니까요!

거대한 나무늘보

세상에서 가장 느린 동물의 거대한 조상

거대한 크기로 자라는 것은 적들로부터 안전하게 하는 좋은 방법 중 하나입니다. 여기에 30cm 길이의 발톱도 가지고 있다면 그 어떤 포식자도 두렵지 않겠지요? 그러나 이 거대한 나무늘보의 슬픈 이야기는 우리에게 절대적인 방어란 있을 수 없다는 것을 말해줍니다. 이 거대한 나무늘보들을 멸종시킨 건 아주 작은 포식자들이었습니다. 바로 인간입니다. 인간들은 지능을 이용해 거대한 나무늘보들을 사냥했습니다. 옛 원시인들의 동굴에서 발견된 수많은, 거대하지만 평화로운 이 동물들의 뼈가 이를 말해 줍니다.

메가테리움

메가테리움의 학문적인 뜻은 "위대한 야수" 입니다. 메가테리움은 실제로 자신의 이름에 걸맞게 키가 6m나 되었고 코끼리보다 무거웠습니다. 이 나무늘보들의 조상은 지금처럼 나무의 잎을 먹기 위해 나무에 올라갈 필요가 전혀 없었습니다.

현재의 나무늘보

나무늘보는 삶의 대부분을 나무 위에서 보내는 대표적인 동물입니다. 나무늘보는 나뭇가지에 매달리기 적합하게 생긴 구불어진 발톱을 갖고 있습니다.

발톱의 크기와 발가락의 자세한 구조를 볼 수 있습니다.

아프리카 코끼리와 메가테리움의 크기 비교

코끼리 메가테리움

거대한 아르마딜로들

살아있는 "탱크" 들의 다양한 모델들

포식자를 피하는 방법에는 여러 가지가 있습니다. 달리기가 빠르거나, 나무에 올라갈 수 있을 만큼 민첩하거나, 아니면 하늘을 나는 방법도 있습니다. 그런데 이 세 가지 방법 모두 할 수 없는 동물들은 어떻게 해야 할까요? 아르마딜로들의 조상들은 느리지만 더 안전한 방법을 택했습니다. 바로 몸집을 키우고 단단하게 무장하는 것이죠. 만약 여러분이 초식동물이고 거대한 짚차만큼 크다면, 여러분을 두렵게 만들만한 포식자는 얼마 없을 것입니다. 그런데 만약 여러분이 발톱과 송곳니에도 뚫리지 않는 갑옷도 갖췄다면, 여러분은 아마 주위를 별로 신경 쓰지도 않은 채 평화롭게 풀을 뜯을 수 있을 것입니다.

글립토돈
글립토돈은 아르마딜로들 중 가장 큰 동물입니다. 글립토돈은 길이 2.5m의 몸집을 지녔는데, 긴 꼬리를 좌우로 흔들며 적들로부터 자신을 보호했습니다.

도에디쿠루스의 꼬리

도에디쿠루스의 꼬리는 방어에만 적합한 것이 아닙니다. 마치 중세 시대 철퇴처럼 공격에도 효과적이었습니다.

글립토돈을 덮고 있는 뼈갑옷의 실제 크기

글립토돈을 덮고 있는 뼈갑옷은 여러 개가 조밀하게 붙어 단단한 방패를 형성했습니다. 심지어 머리도 모자처럼 뼈갑옷이 방어할 수 있었습니다. 과거의 거대한 아르마딜로들은 현재의 아르마딜로처럼 완전하게 공 모양으로 몸을 말아 숨을 수는 없었지만, 이 단단한 뼈갑옷으로 포식자들에게서 몸을 지킬 수 있었습니다.

아홉띠 아르마딜로

아홉띠 아르마딜로는 현존하는 모든 아르마딜로 중에 가장 큰 종이기도 합니다. 현재의 아르마딜로는 조상들보다 훨씬 민첩해졌고, 자신의 몸을 둥글게 말거나 신속하게 땅을 파 자신의 몸을 숨김으로써 자기를 방어할 수 있습니다.

양털을 입은 늑대

아니면 늑대옷을 입은 양?

늑대와 양의 관계는 뭘까요? 너무나도 당연합니다. 바로 가장 좋아하는 먹이와 포식자의 관계입니다. 그런데 상상하기 어렵지만, 양의 조상은 거대한 늑대처럼 생긴 동물과 긴밀한 관계에 있습니다. 물론 늑대의 조상과 직접적으로 연결된 것은 아닙니다. 대신 늑대와 닮은 커다란 육식 동물인 앤드류사쿠스와 연결되어 있습니다. 양과 양의 조상 격인 앤드류사쿠스는 서로 닮은 점이 많습니다. 뼈 구조에서 공통된 특징을 찾아볼 수 있고, 특히 둘 다 발끝에 발굽이 있습니다. 양은 발가락 수가 짝수입니다. 앤드류사쿠스도 똑같이 발가락 수가 짝수입니다. 처음 앤드류사쿠스의 두개골이 발견되었을 때 과학자들은 앤드류사쿠스가 지구에 존재하던 육식동물들 중 가장 큰 동물이었을 것이라고 추정했습니다. 하지만 나중에 겨우 골프공만 한 뇌를 가지고도 코뿔소만 한 크기를 가졌던 멧돼지를 닮은 모습의 엔텔로돈트가 있었다는 것이 밝혀지면서 앤드류사쿠스도 전보다는 작게 그려지게 되었습니다.

양
양은 온몸이 두꺼운 털로 덮여 있고, 두 발가락으로 갈라진 발굽을 가지고 있습니다.

앤드류사쿠스
앤드류사쿠스는 하이에나처럼 생긴 몸을 가지고 있었고 작은 발굽이 네 발에 달려 있었습니다. 앤드류사쿠스는 어떤 공격에도 버틸 수 있는 두꺼운 갈기를 가지고 있었습니다.

메소닉스

이 빠르고 긴 다리를 지닌 달리기 선수는 작은 발굽을 가졌고, 육식동물의 특징을 지닌 두개골을 가져 강력한 깨물기를 할 수 있었습니다. 그런데 메소닉스는 사실 돌고래의 선조랍니다.

앤드류사쿠스

비교: 거대한 파충류들과 다양한 포유류들에게 있는 강력한 이빨은 커다란 초식동물이나 죽은 동물들을 갈가리 찢어 먹을 수 있게 해주었습니다. 앤드류사쿠스의 두개골은 83cm 정도로, 몸의 크기에 비해서 머리가 너무 커서 매우 불균형했던 것에 반해, 12m의 몸집을 가진 티라노사우루스는 1.2m나 되어 1톤에 가까운 무게를 지닌 두개골도 튼튼한 목으로 균형있게 지탱할 수 있었습니다.

티라노사우루스

고래의 진화

바다의 거인들

최근의 연구는 고래와 하마가 같은 조상에서 유래되었다는 가설에 힘을 실어주고 있습니다. 이 둘의 조상은 물이나 물 주변에서 살았습니다. 이들은 후에 지느러미를 달고 헤엄치기에 적합한 형태를 지닌 동물들로 진화하였습니다. 바로 고래입니다. 수염고래와 대왕고래 등 거대한 고래들은 그리스어로 바다괴물이라는 뜻으로 불리기도 하는데, 그만큼 이 고래들이 정말 거대하기 때문입니다. 고래들은 작은 물고기나 크릴이라고 불리는 작은 새우를 먹습니다. 고래들은 한 번에 대량의 물을 빨아들여 입에 달린 거대한 빗과 같은 수염을 통해 물고기들을 걸러내어 먹이를 섭취합니다.

도루돈

도루돈은 길이 5m까지 자라는 포식자로, 물고기들과 연체동물들을 잡아먹었습니다. 도루돈은 네 개의 지느러미와 지금의 고래가 가지고 있는 것과 비슷한 꼬리를 가지고 자유롭게 헤엄칠 수 있었습니다.

파키케투스
초기 고래의 조상으로 알려진 파키케투스는 늑대만 한 크기였으며 파키스탄의 물가 근처에서 살았습니다.

대왕고래속 고래들
지느러미 속에 있는 손가락같이 자란 네 개의 뼈는 고래들이 물속에서 "날아다닐 수 있게" 해주었습니다. 대왕고래는 길이가 33m에 달하며 무게도 190톤에 이릅니다. 이런 큰 몸집을 이끌고도 대왕고래는 시속 50km로 헤엄칠 수 있습니다.

로드호세투스
길이 2.5m까지 자라는 로드호세투스는 양서류처럼 땅과 물속 모두에서 살 수 있었습니다. 로드호세투스는 긴 사지를 이용해 물 표면을 쉽게 헤엄칠 수 있었지만, 무게가 500kg이나 나가는 바람에 땅에서는 쉽게 걸을 수 없었습니다.

선사시대의 상어들

과거부터 현재까지 가장 무서운 바다의 포식자들

상어는 매우 오래된 동물입니다. 바다와 민물에 공룡보다 무려 2억 년 더 빨리 지구에 나타났습니다. 고대의 상어들 중엔 크기가 작은 종도 있었고 큰 종도 있었고 이상한 모양을 한 종도 있었습니다. 그러나 상어의 전체적인 기본 모양은 변하지 않고 유지되었습니다. 현재의 상어들은 고대에 살았던 상어들과 크게 다르지 않습니다. 그들의 조상처럼, 빠르고 강력하고 날카로운 이빨로 무장한 상어들은 그 어떤 종보다도 완벽한 포식자들입니다.

헬리코프리온

헬리코프리온의 가장 큰 특징은 마치 동그란 톱처럼 이루어진 이빨들입니다. 헬리코프리온의 이빨들이 왜 이렇게 동그란 톱처럼 생겼는지는 아직 미스터리로 남아 있습니다.

백상아리

백상아리는 바다의 포식자들 중 가장 무서운 포식자 중 하나입니다. 백상아리는 길이 6m까지 자라는데, 백상아리의 뾰족한 삼각형 모양의 이빨은 어떠한 크기의 먹이라도 도망갈 수 없게 합니다.

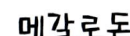

메갈로돈

백상아리

현대의 백상아리와 메갈로돈의 크기 비교: 발견된 턱뼈 화석을 토대로 추정했을 때, 메갈로돈의 크기는 길이가 18m에 달합니다.

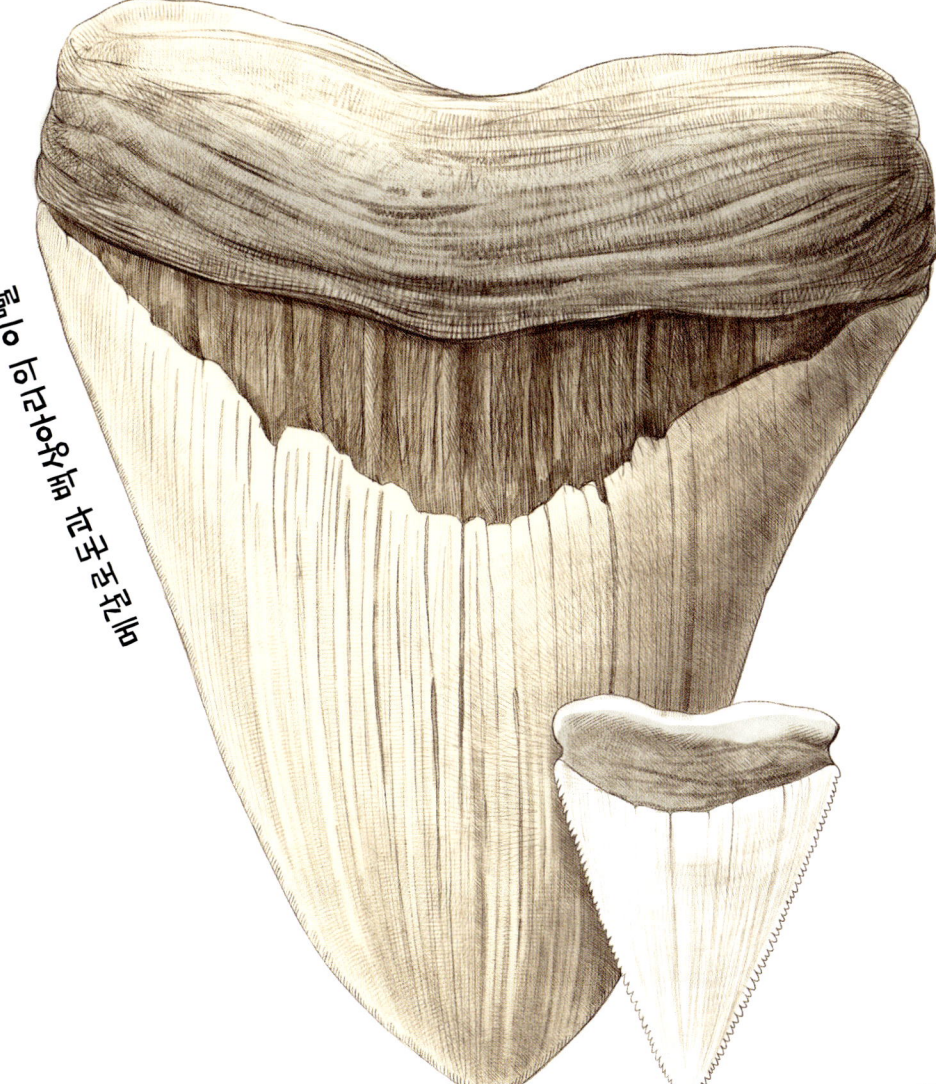

메갈로돈의 이빨

이상한 모양으로 진화한 물고기들!

지구에서 척추동물들이 땅에 올라오기도 전에, 물고기들은 이미 수백만 년 동안 진화를 거듭하고 있었습니다. 그런데 다양하게 진화한 물고기들 중 많은 물고기들은 후손을 남기지 못하고 멸종되어버렸습니다. 하지만 다행히도 몇몇 화석들이 남아 있어 우리는 그 물고기들이 존재했었다는 것을 알 수 있습니다. 다양하게 진화했던 물고기들은 오래된 만큼이나 이상하게 생긴 것도 많았습니다. 이러한 물고기들은 남은 자료가 많지 않아서, 고생물학자들은 이러한 물고기들의 생식과 번식 방법을 추정만 할 따름입니다.

스테타칸투스

길이 70cm 정도의 이 작은 상어는 등에 원반처럼 생긴 이상한 모양의 지느러미가 있었습니다. 그 어떤 다른 상어도 비슷한 모양의 지느러미가 없었는데, 스테타칸투스의 지느러미가 어떤 기능을 했는지는 아직 아무도 모릅니다.

파렉수스

파렉수스가 속하는 극어류는 상어보다 더 오래된 고대의 물고기들입니다. 극어류의 물고기들의 몸과 지느러미에는 가시가 돋아나 있는데, 이런 이유로 극어류의 물고기들을 "가시상어" 라고 부르기도 합니다.

오타칸투스

길이 3m에 달하는 이 상어는 약 4억 년 전 민물에서 살았습니다. 오타칸투스는 등에 긴 지느러미를 가지고 있었고 마치 거대한 장어처럼 보이는 유연한 몸을 가지고 있었습니다.

협찬 : Associazione Didattica Museale는 1994년에 설립되어 교육현장에 20년 넘게 종사하였습니다. Associazione Didattica Museale는 밀라노, 제노아, 노바라, 트리에스테 등에 있는 자연사 박물관의 교육서비스를 운영합니다. Associazione Didattica Museale는 또한 자연 오아시스, 개인 혹은 공공 공원에서 진행하는 교훈적인 프로그램을 제작합니다. 이번 작품의 후원자이신 Cristina M. Banfi, Cristina Peraboni, Rita Mabel Schiavo에게 감사의 말을 드립니다.

글·일러스트 : Roman Garcia Mora는 어렸을 때부터 예술과 과학에 동시에 끌려 생물학을 전공했습니다. 공부를 마치고, 그는 그를 이끌었던 두 분야를 합쳐보기로 하였고, 과학 일러스트의 스페셜리스트가 되었습니다. 그는 특히 고생물학적 재구성을 위해 그림을 그렸고 무엇보다 공룡들을 그렸습니다. Roman은 이 분야에서 여러 국제적인 수상을 했습니다. 그는 "pm bilde quo" 등 여러 과학 잡지에서 일했고 여러 스페인 연구기관의 연구자들과 함께 다양한 출판사와 과학 일러스트 출판일에 협력하고 있습니다. 지난 몇 년 동안 그는 엄청난 열정과 창의성을 갖고 White Star Kids에 몇 권의 책을 내었습니다.

닭이 공룡이었다고?

초판 1쇄 인쇄　　2019년 1월 15일
초판 1쇄 발행　　2019년 1월 20일

펴낸곳　도서출판 거인
발행인　박형준
책임편집　안성철
편집디자인　박윤선
마케팅　이희경 김경진
등록번호　제 2002-000121호
주소　서울시 마포구 와우산로 48 로하스타워 803호
전화　02-715-6857 | 02-715-6858(팩스)

WSkids
WHITE STAR KIDS

WS White Star publishers® is a registered trademark property of White Star s.r.l.

© 2017 White Star s.r.l.
Piazzale Luigi Cadorna, 6 - 20123 Milan, Italy
www.whitestar.it

All rights reserved. No part of this publication may be reproduced, stored in a retrieval system or transmitted in any form or by any means, electronic, mechanical, photocopying, recording or otherwise, without written permission from the publisher.

KOREAN language edition © 2019 by Giant Publishing Co.
KOREAN language edition arranged with White Star s.r.l. through POP Agency, Korea.

이 책의 한국어판 저작권은 팝 에이전시(POP AGENCY)를 통한 저작권사와의 독점 계약으로 도서출판 거인이 소유합니다. 신 저작권법에 의하여 한국 내에서 보호를 받는 저작물이므로 무단전재와 무단복제를 금합니다.